Dieses Buch ist für
This book is for

_____

von
from

_____

edition
riedenburg

Für Ari und alle Kinder dieser Welt.
Möget ihr euch frei entfalten.

For Ari and all children of the world.
May you bloom freely.

INHALT
CONTENTS

Wer hat's gemacht?

Sarah Herbig-Buttula, geboren 1985 in Sachsen, studierte Kunst- und Kulturwissenschaften in Bremen und Bologna. Nach ihrem Studium und jahrelanger Tätigkeit als Museumspädagogin in verschiedenen Bremer Museen arbeitet die Kunstwissenschaftlerin heute an einer Grundschule. Sie ist verheiratet und lebt mit ihrem Mann und Sohn in Bremen.

Auf vielen Reisen rund um die Welt lernte Sarah unterschiedlichste Kulturen kennen und traf immer wieder auf Männer in Röcken und Kleidern. Ihre Schwiegermutter stammt aus Fidschi – dort trägt der Mann traditionell Sulu. Geprägt durch die Zeit, die sie im Ausland lebte, und durch ihre interkulturelle Familie möchte Sarah ihren Sohn frei von Stereotypen erziehen. Sie wünscht sich, dass alle Kinder ihre Identität frei entfalten können und so sein können, wie sie sind. Umso mehr ärgert sie sich, dass Jungen in unserer Kultur immer noch mit negativen Reaktionen rechnen müssen, wenn sie im Rock oder Kleid in den Kindergarten oder in die Schule gehen. Um ihrem Sohn und anderen Kindern zu zeigen, dass es für Jungs ganz normal ist, Kleider anzuziehen, schrieb sie das Buch „Kleider sind für alle da!". Es zeigt, dass Kleider und Röcke überall auf der Welt ganz selbstverständlich auch von Jungen und Männern getragen werden.

Anika Slawinski wurde 1972 in Norddeutschland geboren, ist verheiratet und hat vier Kinder. Seit 2011 lebt die Familie in Asien – zurzeit in Thailand. Kleider waren schon immer ihre Leidenschaft und deshalb hat sie eine Ausbildung zur Modedesignerin und Damenschneiderin absolviert. Vor diesem Hintergrund war sie natürlich sofort Feuer und Flamme, als Illustratorin für dieses Buch zu arbeiten. Mit dem eigenen Kleidungsstil kann man nämlich viel ausdrücken und seine Persönlichkeit unterstreichen. Anika findet es ist sehr wichtig, das zu tun und zu tragen, was einen glücklich macht. Und auch andere nicht nach ihrem Aussehen zu bewerten oder gar zu verurteilen. Sie hofft, dass dieses Buch vielen Kindern Mut macht, sich modisch zu verwirklichen, um sich in der eigenen Haut oder vielmehr in den eigenen Kleidern wohl und frei zu fühlen.

Anika hat ein weiteres Buch bei edition riedenburg illustriert: „Bertha Benz – Die erste Autofahrerin". Außerdem ist das Buch „Meine kleine große Schwester macht die Welt sooo bunt!" über ihre Tochter mit genetischem Defekt (5p-minus-Syndrom) in der Reihe Rituale für Familien erschienen.

Who Made It?

Sarah Herbig-Buttula, born in Saxony in 1985, studied Art Science and Cultural Studies in Bremen and Bologna. After finishing her studies and many years working as a museum educator in various Bremen museums, she now works at an elementary school. She is married and lives in Bremen with her husband and son.

On many worldwide travels, Sarah got to know different cultures and kept coming across men in skirts and dresses. Her mother-in-law comes from Fiji, where men traditionally wear sulus. Influenced by her time abroad and her intercultural family, Sarah wants to raise her son free from stereotypes. She wants all children to be free to develop their identity and be and express who they really are. It saddens her that boys in our culture still have to deal with adverse reactions when they go to kindergarten or school in a skirt or dress. To show her son and other children that it's totally normal for boys to wear dresses, she wrote the book "Dresses Are For Everyone!" It shows that dresses and skirts are commonly worn by boys and men all over the world.

Anika Slawinski was born in 1972 in northern Germany and is married with four children. Since 2011 she and her family have been living in Asia and currently reside in Thailand. Clothes have always been a passion of hers, which is why she pursued a career as a fashion designer and dressmaker. With this background, she was of course totally ecstatic to work as the illustrator for this book. With your own style of dressing, you can express so much and underline your personality. Anika believes it is very important to do and wear what makes you happy and not judge or condemn others by their appearance. She hopes that this book will encourage many children to express their own style and to feel comfortable and free not only in their own skin but also in their own clothes.

Anika has illustrated another book at edition riedenburg: "Bertha Benz – The First Female Car Driver". In addition, she authored and illustrated the book, "My Little Big Sister Makes The World Sooo Colorful!". It is about her daughter who has a genetic defect (5p-minus syndrome) and has been published in the Rituals For Families series.

Kleider sind
für alle da!

Dresses Are
For Everyone!

Irgendwie tragen bei uns fast immer nur Mädchen Kleider oder Röcke. Jungs ziehen dafür Hosen an. Ist dir das schon mal aufgefallen? Mädchen haben auch oft Hosen an, aber Jungs ganz selten Kleider. Wenn du dich umschaust, siehst du, dass Papas meistens Hosen anhaben. Opas, Onkel und andere Männer auch. Doch das war nicht immer so. Es gab früher nämlich eine Zeit, in der kleine Jungs nur Kleider anhatten und Mädchen und Frauen keine Hosen anziehen durften. Das wusstest du noch nicht? Dann lass uns mal schauen, wie das damals so war.

Somehow it seems only girls wear skirts or dresses and boys wear pants. Have you ever noticed that? Girls can wear pants as well, but boys rarely wear dresses. If you look around, you'll realize that dads mainly wear pants. It's the same for uncles, grandfathers, and other men. But that hasn't always been the case. Once upon a time, young boys only wore dresses, and women were not allowed to wear pants. You didn't know that? Then let us have a look at how things used to be not too long ago.

9

Vor etwa 400 Jahren haben in Europa kleine Jungs zusammen mit den Mädchen Kleider getragen. Nicht nur manchmal, sondern jeden Tag und immer. Das war damals in Mode, die Leute fanden es schön und außerdem konnten so die Windeln der ganz kleinen Jungs besser gewechselt werden. Damals haben die meisten Jungs erst mit sieben Jahren angefangen, Hosen zu tragen! Das war dann ein aufregender Tag und die Kinder sind stolz durch die Nachbarschaft gelaufen, um zu zeigen, dass sie jetzt schon groß und alt genug für Hosen sind. Die Zeit, in der Jungs Röcke und Kleider trugen, war ziemlich lang. Noch bevor das erste Auto erfunden wurde, zur Zeit deiner Ururgroßeltern, war das in Europa üblich und ganz normal.

Roughly 400 years ago in Europe, boys, like girls, only wore dresses when they were young. Not only on some days but every single day, always. It was the latest fashion trend; people thought it looked cute, and it was also easier to change the little boys' nappies. Back in the day, young boys only started to wear pants when they turned seven years old! The day they began to wear pants was very exciting, and the boys strutted around the neighborhood showing everyone that they were old enough to wear pants. This period of boys wearing skirts and dresses lasted quite a long time. Up until the first car was invented, in the time of your great-great-grandparents, this was still common and quite normal in Europe.

Mädchen durften dagegen ganz lange keine Hosen tragen, sondern nur Kleider und Röcke. Obwohl sie auch gerne Hosen anziehen wollten. Weil Hosen beim Spielen und Arbeiten ja viel bequemer und praktischer sein können.

On the other hand, girls were not allowed to wear pants for a very long time. They were only allowed to wear dresses and skirts, even though they also wanted to wear trousers. Why did they want to wear trousers? Because pants can be much more comfortable and practical when playing and working.

13

Hier siehst du Coco Chanel in einer weißen Hose. Sie war eine Modeschöpferin und hat als eine der ersten berühmten Frauen Hosen getragen. Dafür wurde sie ausgelacht, weil die Leute nicht verstanden haben, warum eine Frau eine Hose tragen soll. Zu dieser Zeit wurden Mädchen tatsächlich nach Hause geschickt, um sich umzuziehen, wenn sie in einer Hose zur Schule kamen. Ziemlich verrückt eigentlich ... Mädchen und Frauen haben trotzdem weiter Hosen angezogen, bis sich die Leute daran gewöhnt haben. Ganz schön mutig, oder? So war das bei uns in Deutschland und in vielen anderen Ländern.

Here you can see Coco Chanel wearing white pants. She was a fashion designer and was one of the first famous women to wear trousers. She was laughed at because people didn't understand why a woman would want to wear pants. During this time, schools actually sent girls home to change clothes if they came in pants. Pretty crazy, really. Girls and women continued to wear trousers anyway until people got used to it. Brave, right? That's how it was here in Germany and in many other countries.

Zur gleichen Zeit war es jedoch in manch anderen Ländern ganz anders. Auf den Fidschi-Inseln, gleich neben Australien, tragen Männer, Frauen und Kinder nämlich schon immer Sulus. Auch heute noch. Im Alltag, zum Einkaufen oder auch bei der Arbeit. Einfach immer, wann die Leute möchten. Sulus sehen aus wie Röcke und sind entweder aus Stoff zum Wickeln oder aus selbst gemachten Materialien.

At the same time, however, things were very different in some other countries. On the Fiji Islands, just off the coast of Australia, men, women and children have always worn sulus. Even today. They are worn in everyday life, for shopping or at work. Just whenever people want. Sulus look like skirts and are made of either drape fabric or homemade materials.

18

Zum Tanzen auf Festen und Zeremonien gibt es übrigens besondere Sulus, die „Sulu Ni Meke" heißen. Das sind wunderschöne Röcke aus einem Material so ähnlich wie Bast, sie sehen fast aus wie ganz viele Federn zusammen. Dazu gibt es passenden Armschmuck und Schmuck für die Knöchel.

By the way, there are special sulus for dancing at celebrations and ceremonies called "sulu ni meke". These are beautiful raffia-like skirts that almost look like many feathers woven together. They come with matching bracelets and jewelry for the ankles.

Auch in Europa, genauer gesagt in Schottland, gibt es schon immer Röcke für Männer. Sie heißen Kilts und sind kariert. Ein anderer Begriff dafür ist „Schottenrock". Auch diese Röcke werden im Alltag und bei Festlichkeiten getragen. Du kannst also beim Einkaufen, auf Hochzeiten oder sogar bei sportlichen Wettkämpfen Männern und Jungs, aber auch Frauen und Mädchen im Kilt-Rock begegnen. Traditionell gehören zum Kilt eine Tasche, bestimmte Socken und sogar ein Messer, das in die Socken gesteckt wird. Das Messer wird aber oft nur zu besonderen Anlässen als Schmuck getragen.

Also in Europe, more precisely in Scotland, there have always been skirts for men. They are called kilts and are plaided. These skirts are also worn in everyday life and at festivities. You can meet men and boys in kilts when shopping, when at weddings or even at sporting competitions. Women also wear the plaided kilts everywhere. Traditionally the kilt for men comes with specific socks, a pouch and even a knife tucked into the top of the long socks. However, the knife is often only worn on special occasions as decoration.

21

Es gibt noch viele andere Länder, in denen Männer und Jungs regelmäßig Röcke und Kleider anziehen. Zum Beispiel in Japan, das liegt in Asien. Dort tragen die Leute häufig traditionelle „Kimonos", was übersetzt so viel wie „Anziehsache" heißt. Das sind lange, eng gebundene Gewänder. Kimonos von Frauen bestehen aus vielen Kleidungsstücken und Kleidungsschichten. Es dauert eine ganze Weile, bis die alle angezogen sind und der Bindegürtel „Obi" richtig sitzt. Männer haben es da ein bisschen einfacher: Ihre Kimonos haben nicht so viele Schichten und sind schneller angezogen.

There are many other countries where men and boys wear skirts and dresses regularly, for example, in Japan which is in Asia. People there often wear traditional kimonos, which translates as "a thing to wear". Kimonos are long, tightly tied robes. Women's kimonos are made up of many garments and layers. It takes quite a while for them to put on all the layers and tie the "obi" belt in place. Men have it a bit easier: their kimonos do not have as many layers and can be put on faster.

23

Es gibt viele verschiedene Kimonos, alle mit verschiedenen Namen. Je nachdem zu welchem Anlass ein Kimono getragen wird, hat er einen anderen Schnitt und andere Muster. Auch Kimonos werden zu allen möglichen Anlässen getragen, manche Menschen tragen ihn sogar zum Schwertkampf.

There are many different types of kimonos, all with different names. They have different cuts and patterns depending on the occasion for which a kimono is worn. Kimonos are worn for many reasons and for all sorts of events; some people even wear them for sword fighting.

Wie du siehst, gibt es in ganz vielen Ländern Röcke und Kleider für Männer und Jungs. Egal, ob zum Sportmachen, beim Spielen oder auf Hochzeiten: Immer und überall werden sie angezogen. Manchmal tragen Männer Kleider oder Röcke auch zum Tanzen. Beim Tanz der Derwische in der Türkei haben sie zum Beispiel weite, weiße Gewänder an und drehen sich immer und immer wieder im Kreis. Dabei schließen sie die Augen und fallen trotzdem nicht um. Kannst du dich auch ganz oft im Kreis drehen, ohne dabei einen Drehwurm zu bekommen? Probiere es doch mal aus.

As you can see, there are skirts and dresses for men and boys in many countries. Whether doing sports, playing or at weddings, skirts and dresses are a common sight. Sometimes men also wear dresses or skirts to dance. For example, when the dervishes dance in Turkey, they wear wide white robes and spin in circles over and over again. The dancers close their eyes and still don't fall over. Can you spin around in circles without getting dizzy? Try it out.

In vielen heißen Wüstenregionen haben Männer und Frauen auch lange Kleider an. Manche Menschen, die zum Beispiel in der Sahara-Wüste leben, oder auch Menschen in arabischen Ländern tragen lange Gewänder, die aussehen wie Kleider. Denn enganliegende Kleidung staut die Körperwärme, während sich die Luft bei langen Gewändern zwischen Kleidung und Körper befindet und so Abkühlung verschafft. Auf diese Weise schützen die Leute ihre Körper vor Hitze und Sand. Egal, wer sie sind.

In many hot desert regions, men and women also wear long dresses. For example, some people who live in the Sahara Desert or in Arab countries wear long robes that look like dresses. They do this because tight-fitting clothes accumulate body heat, while long robes keep air between the clothing and the skin, thus cooling you down. Dressing in this way allows people to protect their bodies from the heat and sand, regardless of gender.

In Panama und Kolumbien dagegen ziehen manche Männer des Stammes der Embera Lendenschurze mit ganz kurzen Röcken aus Perlen an. Schau, wie schön bunt diese Röcke sind! In Südamerika ist es auch warm, aber es regnet viel mehr als in der Wüste. Deswegen wählen die Menschen dieses Stammes keine langen Kleider. Sie ziehen lieber kurze Kleidung an, die nach einem Regenschauer schnell wieder trocknet.

In Panama and Colombia, on the other hand, some men of the Embera tribe wear loincloths with very short skirts made of beads. Look how colorful these skirts are! It's also warm in South America, but it rains a lot more than in the desert. That is why the people of this tribe do not choose long dresses. They prefer to wear short clothes that dry quickly after a rain shower.

Sei ehrlich: Hast du schon mal Männer in so kurzen Röcken gesehen?

Be honest: Have you ever seen men in such short skirts?

31

Das sind jetzt schon echt viele Länder, in denen Kleider und Röcke nicht nur von Mädchen und Frauen getragen werden. Toll, oder? Das Beste ist: Auch bei uns gibt es immer mehr Kinder, die Kleider und Röcke anziehen, egal ob sie Junge oder Mädchen sind. Wenn du dich trotzdem noch nicht traust, ein Kleid oder einen Rock zu tragen, obwohl du Lust darauf hast, ist das nicht schlimm. Fasse neuen Mut und schau dir mal diese Musiker an. Sie machen dir vor, wie es geht. Hier siehst du David Bowie, Elton John, Bad Bunny und Curt Cobain in Kleidern oder Röcken. Einfach nur, weil sie es schön finden und Lust darauf haben.

That's already a lot of countries where dresses and skirts are not worn by girls and women only. Great, right? The best thing is: Nowadays, more and more children are wearing dresses and skirts, regardless of whether they are boys or girls. If you still don't dare to wear a dress or a skirt even though you feel like it, don't worry. Take heart and check out these musicians. They show you how to do it. Here, you can see David Bowie, Elton John, Bad Bunny and Kurt Cobain in skirts or dresses simply because they find it beautiful and feel like it.

Trau dich, das anzuziehen, was du magst. Egal, was andere dazu sagen. Die meisten Leute wissen einfach nicht, was du jetzt weißt: Nämlich, dass Jungs schon immer und in vielen Ländern Kleider und Röcke getragen haben. Und es auch heute noch tun ...

Denn Kleider sind für alle da!

Dare to wear what you like, no matter what others say about it. Most people simply don't know what you now know: that in many countries, boys have always worn dresses and skirts. And they still do today ...

Because dresses are for everyone!

35

Kleidungsrituale
für alle
Dress Rituals
For Everyone

Ritual 1

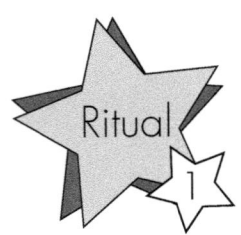

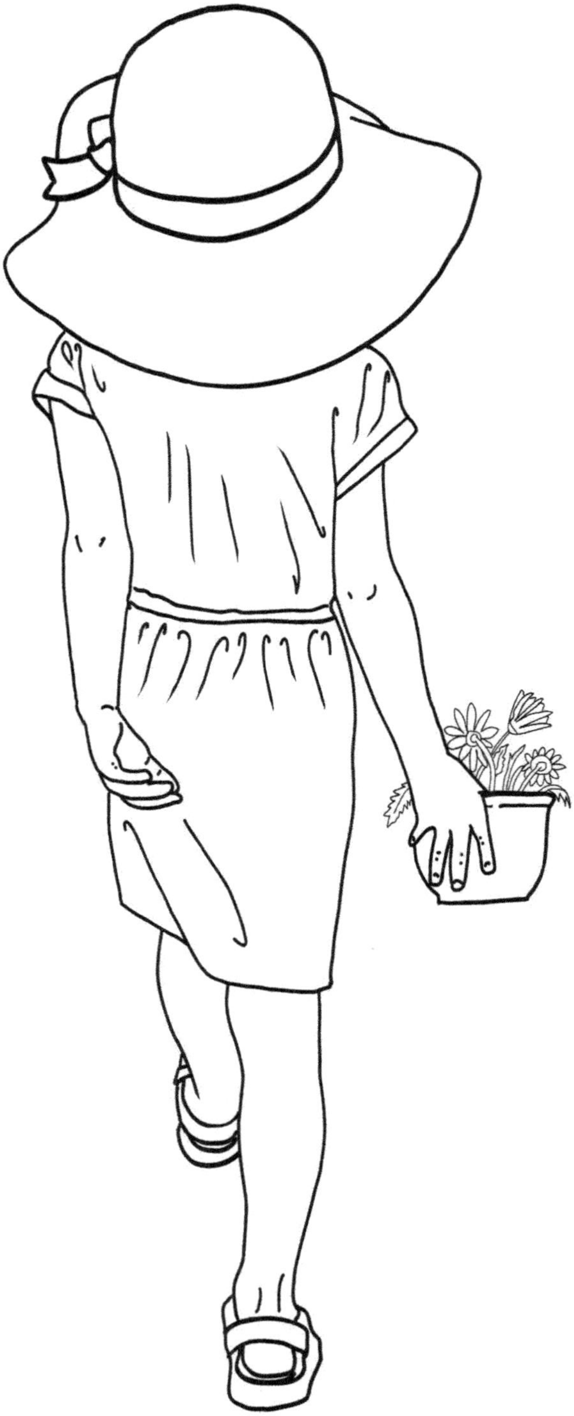

Schnapp dir einen Rock oder ein Kleid von jemandem, den du kennst, und probiere ihn/es an. Wie fühlst du dich dabei?

Grab a skirt or dress from someone you know and try it on. How does it make you feel?

Zieht euch zusammen lange T-Shirts, Schals und Tücher von deinen Eltern als Kleider und Röcke an. Tanzt gemeinsam durch die Wohnung und dreht eure Lieblingsmusik richtig laut. Wie fühlt es sich an, wenn du dich drehst und sich Rock oder Kleid mitdrehen?

Together with your parents, put on some of their long T-shirts, scarves and shawls and imagine them as dresses and skirts. Turn your favorite music up really loud and dance around the house together. How does it feel when you spin around and your skirt or dress spins with you?

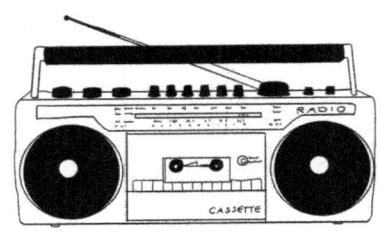

Kennst du die Musiker hier im Buch? Hör dir
zusammen mit einem Erwachsenen ein paar ihrer
Lieder an und schaut ein paar Videos, in denen die
Musiker Kleider anhaben.

*Do you know the musicians
in this book? Listen to some
of their songs with an adult
and watch some videos of the
musicians wearing dresses.*

40

Male das schönste Kleid, das du je gesehen hast.
Gibt es das schon oder ist es dein eigener Entwurf?

Ritual 4

Draw the most beautiful dress you have ever seen. Does it already exist, or did you design it yourself?

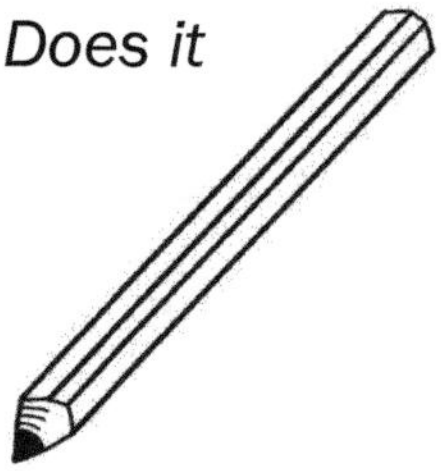

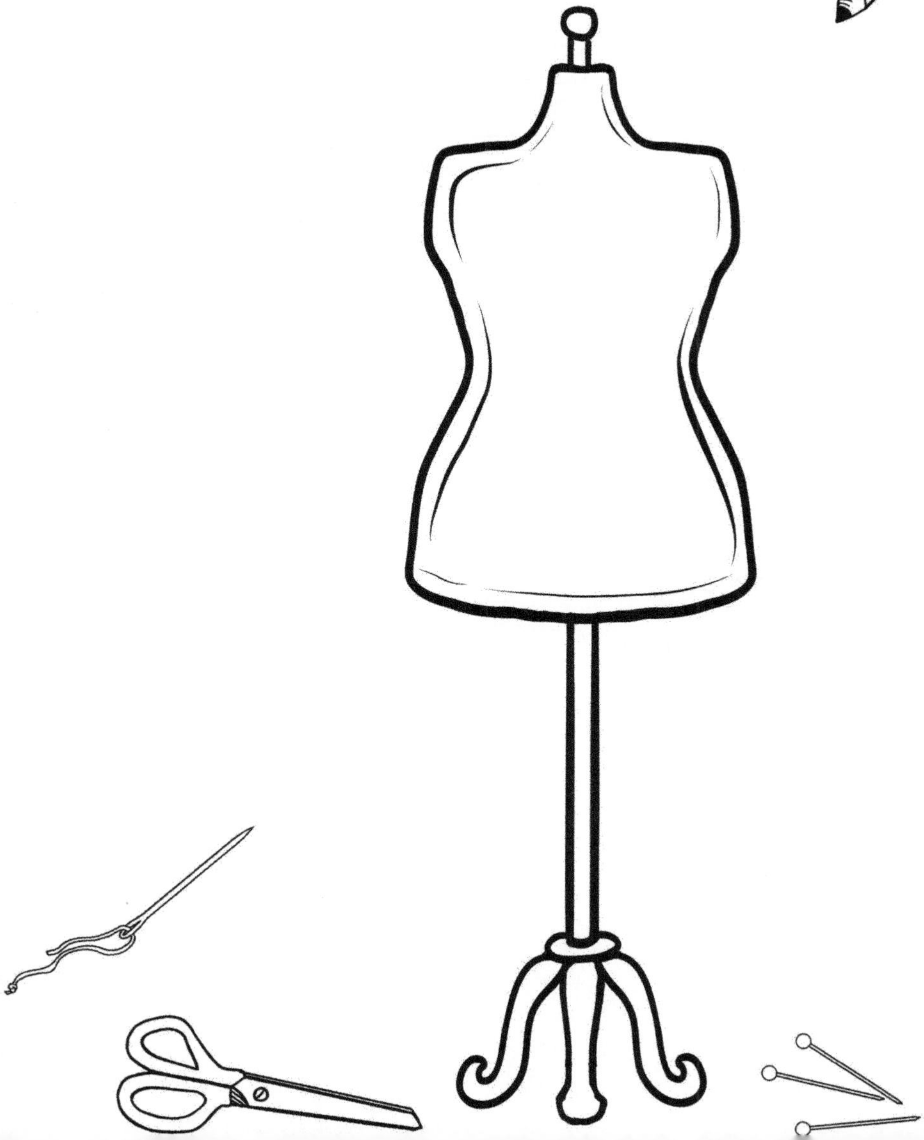

Tauschparty! Tausche
deine Kleidung mit
einem Freund oder
einer Freundin für einen
ganzen Tag. Wie fühlt
es sich an, den ganzen
Tag in den Schuhen von
jemand anderem zu
sein?

*Swap party! Swap your
clothes with a friend for
a whole day. How does it
feel to walk in someone
else's shoes for a day?*

Ritual 6

Macht gemeinsam einen Ausflug in ein Museum und schaut euch an, was die Leute bei euch früher anhatten.

Together, take a trip to a museum and see what people used to wear.

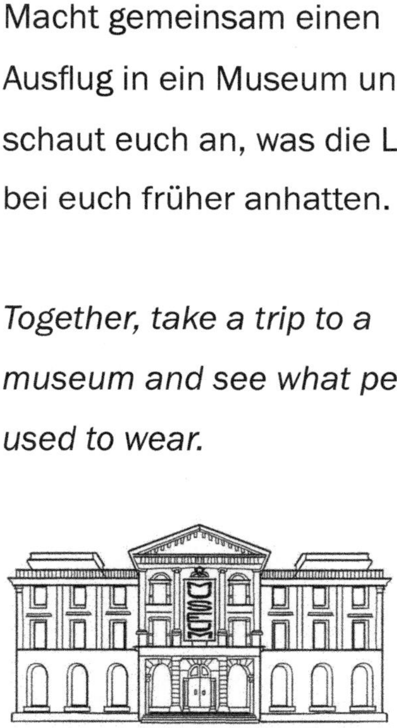

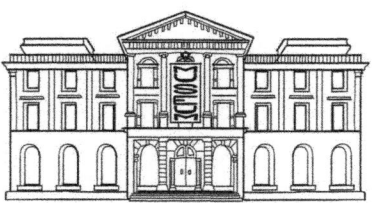

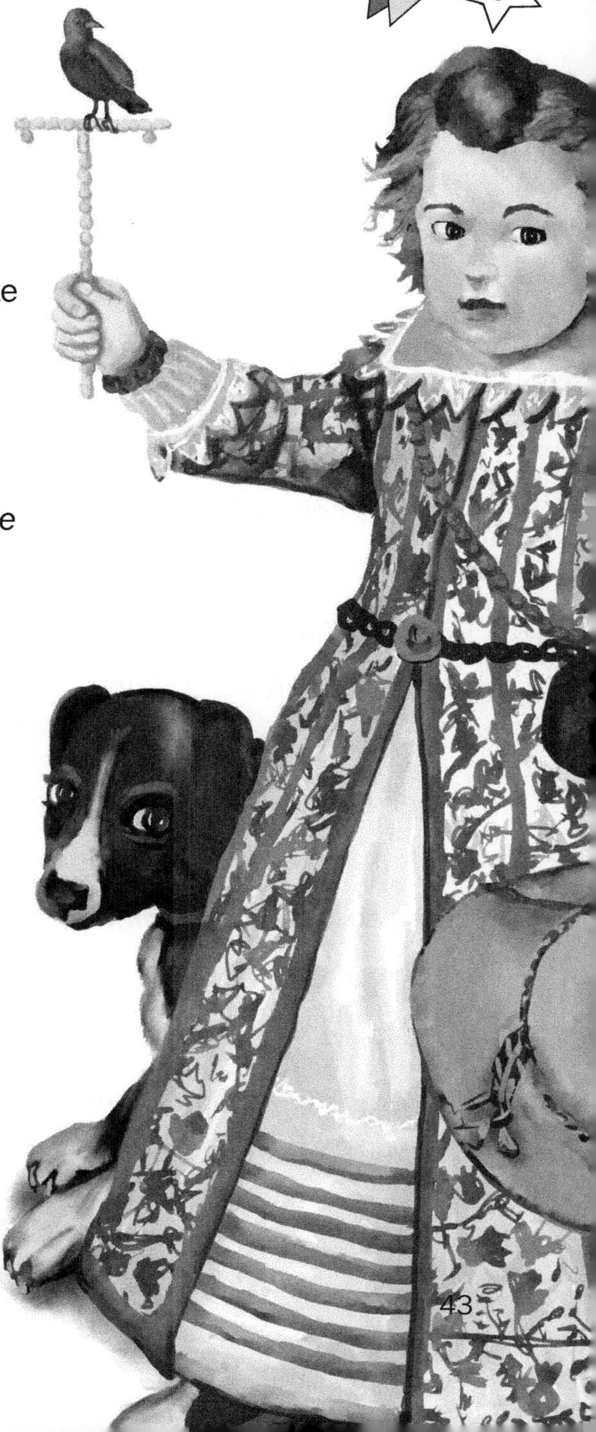

Stell dir vor, du kommst in einen Modeladen und dort gibt es keine Einteilung in „Jungen" und „Mädchen" oder „Männer" und „Frauen". Wie müsste das Geschäft gestaltet sein, damit du dich zurechtfinden kannst? Male und gestalte das Modegeschäft der Zukunft.

Imagine you walk into a fashion store and there is no division between "boys" and "girls" or "men" and "women". How would the store have to be designed so that you can find your way around? Paint and design the fashion store of the future.

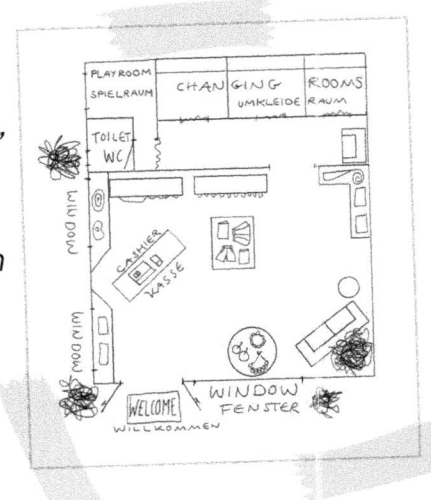

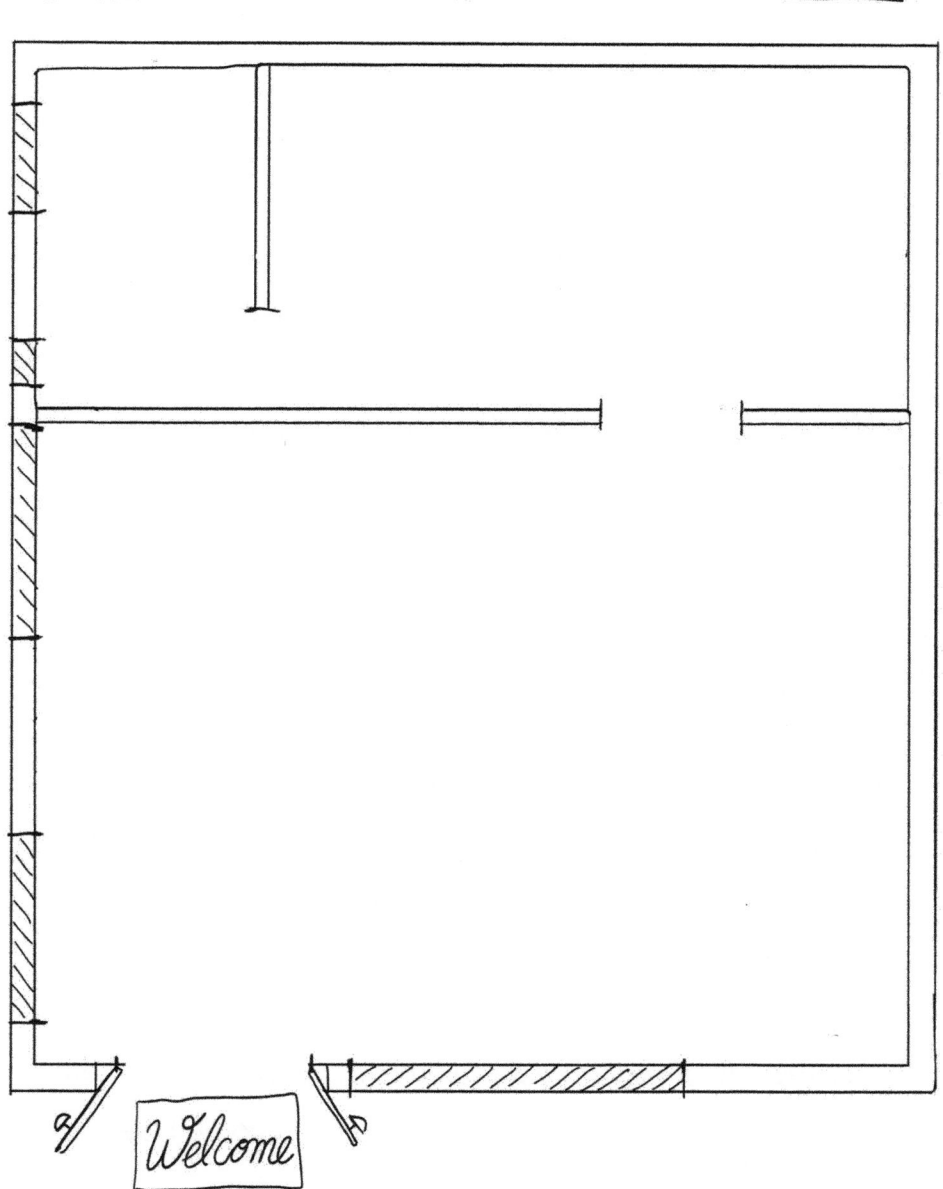

Früher durften Mädchen keine Hosen tragen und heute ist das ganz normal. Was denkst du, ist bald Geschichte und wird in Zukunft kein Thema mehr sein? Male oder schreibe es hier auf und notiere auch deinen Namen und das Datum.

Vergleiche in einigen Jahren, ob deine Vermutung eingetroffen ist.

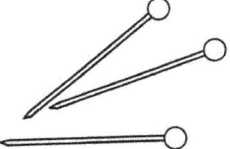

In the past, girls weren't allowed to wear trousers, and today it's totally normal. What do you think will soon be history and will no longer be an issue in the future? Draw or write it down and write your name and the date on the paper.

Keep the slip of paper so that you can compare it in a few years to see whether your predictions have come true.

Ritual 9

Welche „Regeln" beim Anziehen und Kleidung aussuchen magst du gar nicht? Besprich sie mit deinen Erwachsenen und male oder schreibe sie auf.

Nehmt euch nun eine Schere und schnipselt die Regeln klein, die ihr weglassen könnt. Ab heute brauchst du sie nicht mehr!

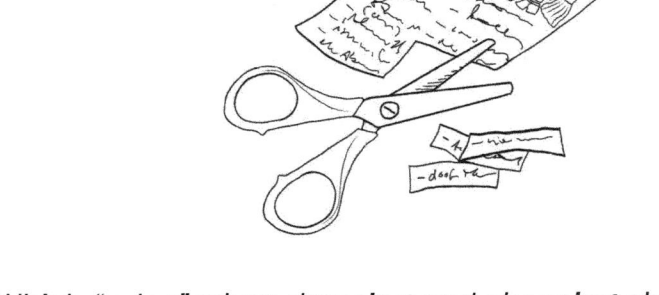

Which "rules" when dressing and choosing clothes do you absolutely dislike? Discuss them with your adults and draw or write them down. Look at the rules and decide together which ones you can let go of.

Now take a pair of scissors and cut those rules into tiny little pieces. From now on, you won't need them anymore!

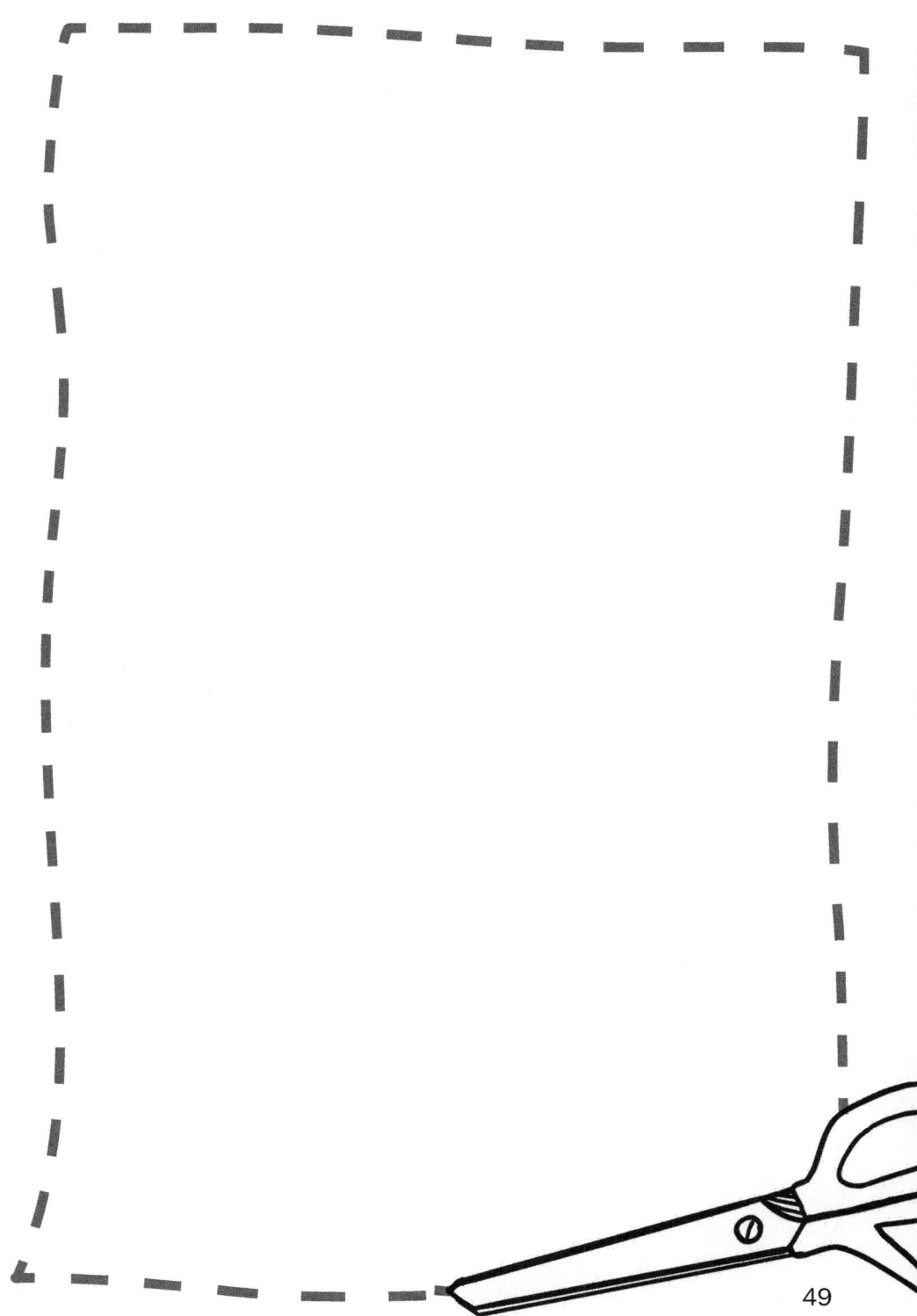

49

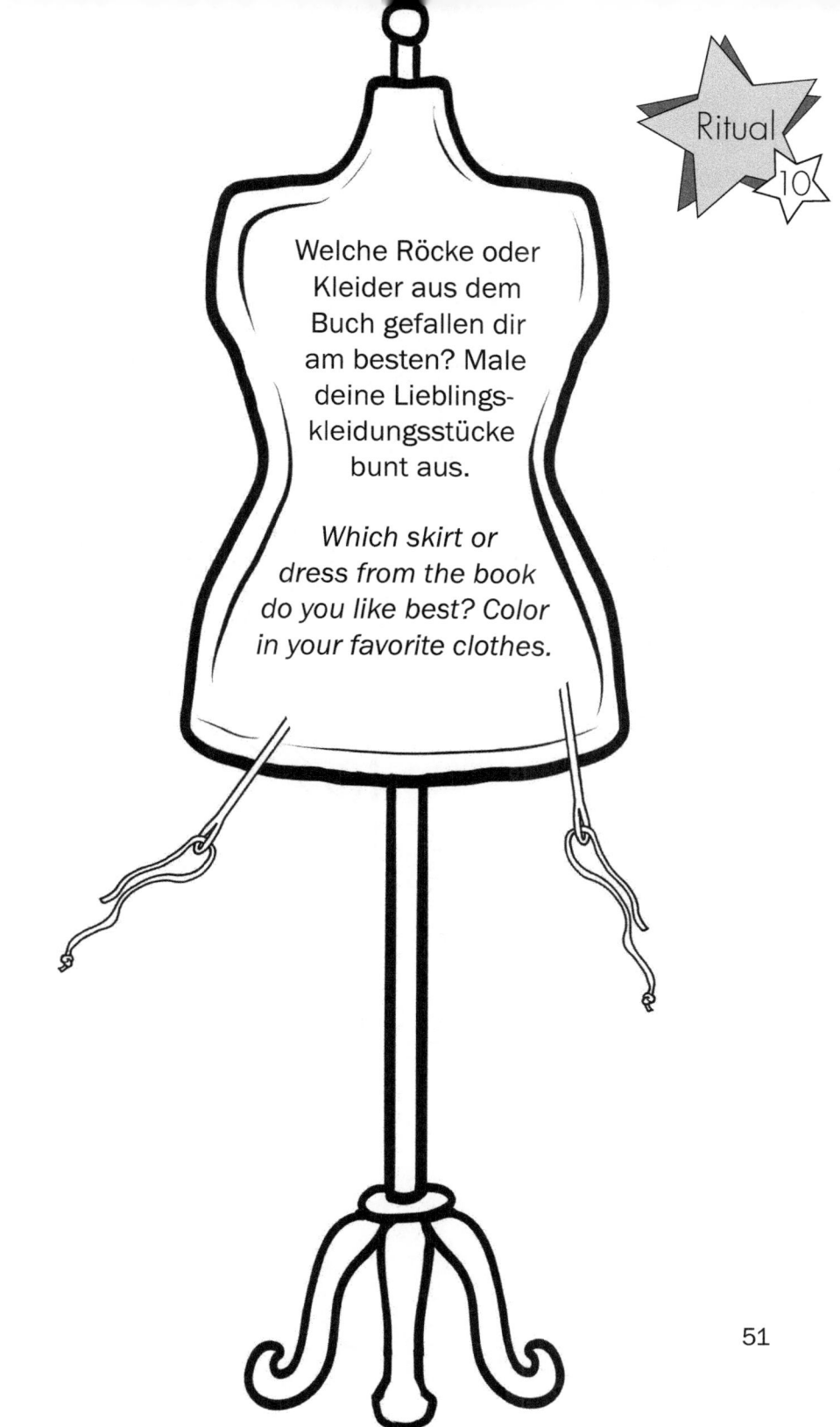

Welche Röcke oder Kleider aus dem Buch gefallen dir am besten? Male deine Lieblings-kleidungsstücke bunt aus.

Which skirt or dress from the book do you like best? Color in your favorite clothes.

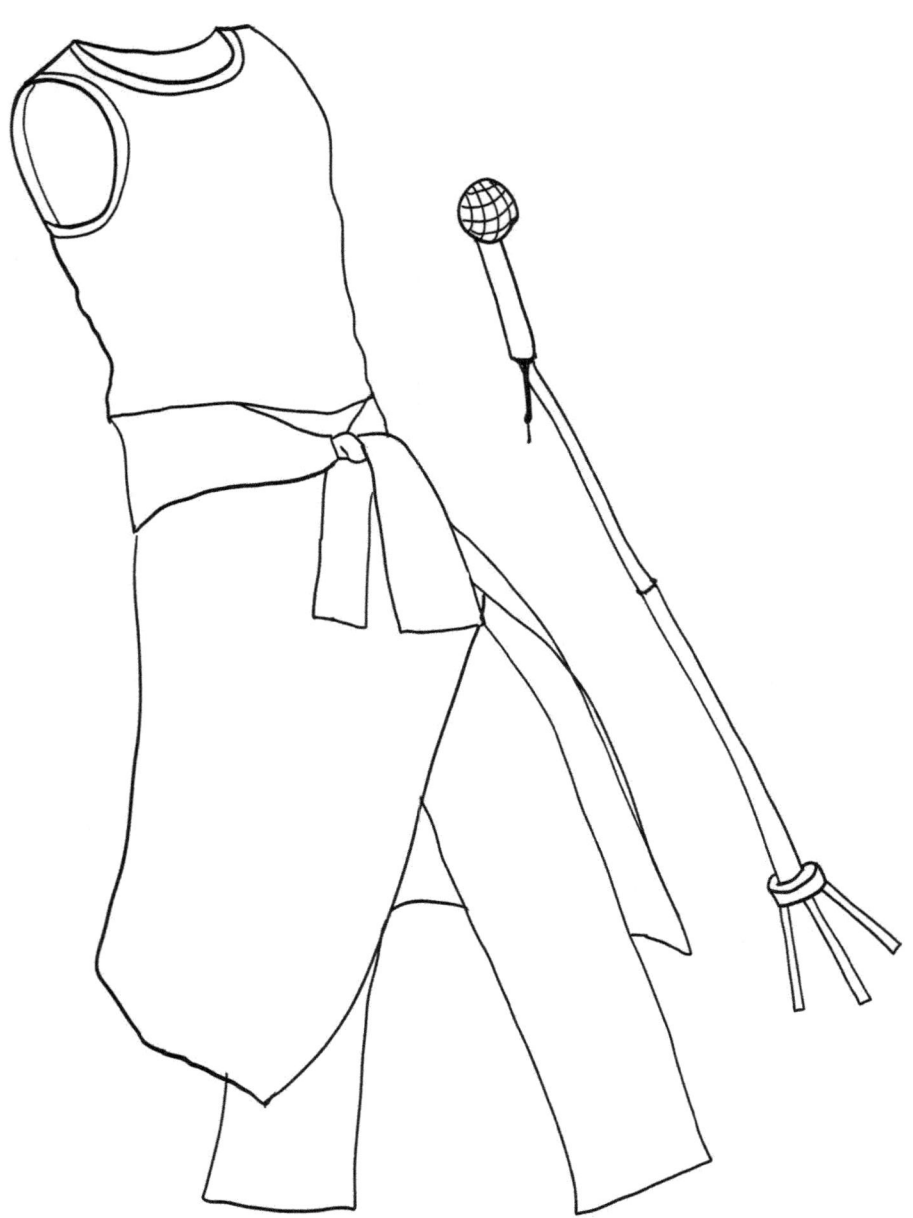

„Anika Slawinski hat ein wunderbares Buch geschrieben. [...] Und so könnte dieses Buch Kindern die Angst vor körperlicher oder geistiger Behinderung nehmen. Und vielleicht sogar Erwachsenen die Angst vor einem Leben mit einem behinderten Kind. Womit wirklich viel gewonnen wäre."

(Lorenz Redicker für Westfalenpost, 4. Mai 2022)

Leilani ist ein Zauberwesen – das findet jedenfalls ihr kleiner Bruder Liron. Sie kam mit einem genetischen Defekt – dem 5p-minus Syndrom – zur Welt und ist ganz anders als andere Mädchen in ihrem Alter. Obwohl Leilani zwölf ist und Liron sechs, fühlt es sich an, als sei sie seine kleine Schwester. Eine „kleine" große Schwester eben.

Leilani hält ihre Familie immer auf Trab. Und sie hat eine besondere Gabe: Sie verzaubert alle mit ihrem „Leilani-Charme". Könnte Leilani sprechen, so hätte sie ein paar tolle Ideen für Alltagsrituale, die das Leben leichter machen. Liron hat sich schon ein paar abgeschaut – und teilt sie mit euch.

Dieses Buch gibt einen liebevollen Einblick in den Alltag mit einem besonderen Geschwisterkind. Und es zeigt, was wir alle von Menschen lernen können, die anders sind.

Rituale-Buch.de

Zweisprachig Deutsch – Englisch
Bilingual German – English

Buchempfehlungen des Verlags

Jeder Titel aus der Reihe „Starke Frauen" bietet euch gut verständliche Texte, inspirierende Bilder und knifflige Fragen zum Weiterdenken.

Ab 8 Jahren, in leicht lesbarer Druckschrift. Als Schullektüre und für die Schulbibliothek geeignet.

Mit Kreativ-Seiten zur eigenen Gestaltung.

FÜR KLEINE LEUTE MIT GROSSEN IDEEN.

StarkeFrauen-Buch.de

Bibliografische Information der Deutschen Nationalbibliothek:
Die Deutsche Nationalbibliothek verzeichnet diese Publikation in der Deutschen Nationalbibliografie; detaillierte bibliografische Daten sind im Internet über http://dnb.d-nb.de abrufbar.

Sarah Herbig-Buttula • Anika Slawinski

Kleider sind für alle da!
Das Kinderbuch für eine kunterbunte Kleidungswahl, egal wer du bist.
Dresses Are For Everyone!
The children's book for a free and colorful choice of clothes, no matter who you are.

Dieses Buch ist in einer verlagskonform geschlechtsneutralen Schreibweise verfasst und soll alle Menschen dieser Welt ansprechen. Wir verstehen uns als Verlag für Diversität und Inklusion aller Persönlichkeiten, auch wenn in diesem Kinderbuch bestimmte stereoptype Charaktere abgebildet sind.

1. Auflage	Februar 2023
© 2023	edition riedenburg
Verlagsanschrift	Adolf-Bekk-Straße 13, 5020 Salzburg, Österreich
Internet	www.editionriedenburg.at
E-Mail	verlag@editionriedenburg.at
Deutsches Lektorat	Dr. Heike Wolter, Regensburg
Englisches Lektorat	Joseph Buttula
Fotos	Portrait Sarah Herbig-Buttula: © Martina Ott
	Portrait Anika Slawinski: © Privat
Illustrationen	© Anika Slawinski
Satz und Layout	edition riedenburg
Herstellung	Books on Demand GmbH

ISBN 978-3-99082-131-2

edition riedenburg
editionriedenburg.at